Direção Geral: Sinval Filho

Coordenação Editorial: Luciana Leite

Capa e Diagramação: Jônatas Jacob

Revisão: Janaina Marques Steinhoff

 @lioneditora   @lioneditora   @lioneditora

Lion Editora - Rua Dionísio de Camargo, 106, Centro, Osasco - SP - CEP 06086-100
contato@lioneditora.com.br (11) 4379-1226 | 4379-1246 | 98747-0121

www.lioneditora.com.br

Copyright 2023 por Lion Editora

Todos os direitos reservados à Lion Editora e protegidos pela Lei n. 9.610, de 19/02/1998. É expressamente proibido a reprodução total ou parcial deste livro, por quaisquer meios eletrônicos, mecânicos, fotográficos, gravação e outros, sem prévia autorização por escrito da editora. A versão da Bíblia utilizada nas citações contidas nessa obra é a Nova Versão Internacional (NVI) salvo ressalvas do autor.

Este livro é uma publicação independente, cujas citações a quaisquer marcas ou personagens são utilizados com a finalidade de estudo, crítica, paráfrase e informação.

ÍNDICE

INTRODUÇÃO.................................... 6
DIA 01: SHREK 8
DIA 02: LUCA.................................. 10
DIA 03: PROCURANDO NEMO.................... 12
DIA 04: OS INCRÍVEIS 14
DIA 05: HAPPY FEET 16
DIA 06: RATATOUILLE 18
DIA 07: WALL-E 20
DIA 08: UP! ALTAS AVENTURAS 22
DIA 09: TOY STORY 3 24
DIA 10: RANGO................................. 26
DIA 11: VALENTE 28
DIA 12: FROZEN 30
DIA 13: OPERAÇÃO BIG HERO 32
DIA 14: DIVERTIDAMENTE....................... 34
DIA 15: RON BUGADO........................... 36
DIA 16: RAYA E O ÚLTIMO DRAGÃO.............. 38
DIA 17: HOMEM-ARANHA NO ARANHAVERSO 40
DIA 18: TOY STORY 4 42
DIA 19: A PEQUENA SEREIA 44
DIA 20: ENCANTO 46
DIA 21: A BELA E A FERA 48
DIA 22: MINIONS................................ 50
DIA 23: SING 52
DIA 24: REI LEÃO 54
DIA 25: ERA DO GELO........................... 56
DIA 26: MADAGASCAR 58
DIA 27: MONSTROS S.A.......................... 60
DIA 28: KUNG FU PANDA 62
DIA 29: COMO TREINAR SEU DRAGÃO 64
DIA 30: ANGRY BIRDS........................... 66
DIA 31: HOTEL TRANSILVÂNIA 68
DIA 32: DIN E O DRAGÃO GENIAL 70
DIA 33: DETONA RALPH 72
DIA 34: UMA AVENTURA LEGO 74
DIA 35: CARROS................................ 76
DIA 36: TÁ CHOVENDO HAMBURGUER 78
DIA 37: FUGA DAS GALINHAS 80
DIA 38: MEU MALVADO FAVORITO................ 82
DIA 39: O LORAZ 84
DIA 40: O PRÍNCIPE DO EGITO 86

SOBRE OS AUTORES

Doutor em História pela Universidade Federal do Paraná e Especialista em Teologia Bíblica pela Universidade Mackenzie. É Professor universitário e também autor de livros acadêmicos utilizados em diversos cursos brasileiros. Pastor da Igreja do Evangelho Quadrangular, auxilia no treinamento de líderes de jovens e adolescentes em sua denominação. Como palestrante, aborda temas como conflitos entre gerações, cultura e cristianismo, pós-modernidade e igreja, dentre outros, destinados a pais, professores e pastores. Fundador do projeto Parábolas Geek, que originou este Devocional.

Eduardo Luiz de Medeiros é casado com Meiry Ellen e pai do Joshua Gonzales de Medeiros, então com oito anos. Além de contribuir nesta obra, Joshua é uma criança alegre e extremamente criativa, que tem espalhado uma marca de amor por onde ele vai. O seu maior herói é Jesus, mas também gosta muito do Miles Morales, do Sonic, do Naruto e do Luffy, de One Peace. Embora seja seu primeiro livro oficial, ele tem centenas de histórias e aventuras criadas, enquanto seus pais lavam a louça ou se arrumam para o trabalho...

PARA OS PAIS

Bem-vindos ao "40 Dias no Mundo das Animações"!

Queridos pais,

Este não é apenas um livro, é uma jornada mágica pelas animações mais adoradas e premiadas do cinema. Cada página traz uma história dos filmes que conquistaram corações e muitos prêmios.

No "40 Dias no Mundo das Animações", seu pequeno mergulhará no mundo do cinema, aprendendo valiosas lições que vão além da tela. Mais do que entretenimento, nosso objetivo é proporcionar momentos de reflexão, crescimento e fortalecimento espiritual para sua criança.

Recomendamos que vocês, como família, explorem este livro juntos. Cada devocional é uma oportunidade de compartilhar, aprender e construir memórias preciosas.

Prontos para a aventura? Luzes, câmera, ação... e bênçãos!

PARA NOSSOS PEQUENOS EXPLORADORES

Oi, aventureiro!

Você já sonhou em voar com dragões, nadar com peixes falantes ou correr ao lado de carros velozes? Este livro levará você a um passeio pelos desenhos mais fantásticos que já existiram!

No "40 Dias no Mundo das Animações", vamos juntos descobrir histórias mágicas tão especiais que ganharam um prêmio chamado Oscar. E sabe o que é mais legal? Vamos aprender lições importantíssimas com cada uma delas. Cada desenho tem uma mensagem especial para contar.

Então, aperte o cinto e embarque nesta aventura cinematográfica conosco!

Pronto para começar? 3, 2, 1... Ação!

1 SHREK

Quem se isola, busca interesses egoístas, e se rebela contra a sensatez.
Provérbios 18:1

RELEMBRE A HISTÓRIA

Havia um ogro chamado Shrek que morava num pântano. Ele adorava viver sozinho, mas um dia, muitos personagens dos contos de fadas chegaram em sua casa! Eles estavam fugindo do Lorde Farquaad, que era muito malvado. Shrek, mesmo um pouquinho zangado, decidiu ajudar. Junto com um burro que falava, ele foi ao castelo do Lorde Farquaad para arrumar toda essa bagunça. Nessa aventura, Shrek encontrou a princesa Fiona, que também virava uma ogra à noite por causa de um feitiço. Com um beijo de amor verdadeiro, Shrek ajudou Fiona a ser uma ogra para sempre, e eles viveram muito felizes e ainda salvaram os personagens de contos de fada!

LIÇÃO DA BÍBLIA

Você sabe o que Shrek aprendeu com tudo isso? Ele percebeu que não é legal ficar sempre sozinho. No começo, ele só queria mandar os amigos dos contos de fadas embora, mas depois ele fez muitos amigos e até se apaixonou pela Fiona! Às vezes, pode ser um pouco difícil brincar com pessoas que são diferentes de nós, mas isso nos ajuda a aprender e a crescer. Também nos faz entender que nem sempre somos perfeitos, mas isso é normal. Assim como Shrek, todos nós temos coisas para melhorar. Mas, o mais legal é que não precisamos enfrentar tudo sozinhos. Jesus nos deu um presente maravilhoso, e podemos sempre contar com a ajuda dos nossos amigos, da nossa família e de outras pessoas para sermos melhores. E assim como Shrek descobriu, viver com outras pessoas pode ser uma grande aventura!

VAMOS ORAR!

Deus querido e Pai nosso, por favor, nos ajude a acreditar em Ti e nos nossos amigos! Obrigado pelo presente que Você nos deu na Cruz, que nos dá vida para sempre! Que a gente consiga ver as pessoas como Você as vê! Coloca pessoas perto da gente para nos ajudar nas nossas aventuras, em nome de Jesus, Amém.

2 LUCA

Eu te louvo porque me fizeste de modo especial e admirável. Tuas obras são maravilhosas! Disso tenho plena certeza.
Salmos 139:14

RELEMBRE A HISTÓRIA

Luca é um menino peixe que vive no mar, mas é super curioso sobre o mundo lá em cima, mesmo com todo mundo falando para ele ficar longe. Quando Luca faz um novo amigo, o Alberto, que é um menino peixe que vive fora da água, eles vivem aventuras no mundo dos humanos. Mas o Luca precisa esconder que ele é um menino peixe para ninguém ficar com medo dele.

LIÇÃO DA BÍBLIA

Essa história nos ensina como é importante ser verdadeiro e como Deus gosta de nós do jeitinho que a gente é. Deus nos fez únicos e especiais, então não precisamos ter medo de ser quem a gente é. Assim como o Luca aprendeu a gostar dele mesmo, a gente também deve gostar de nós mesmos, assim como Deus gosta.

VAMOS ORAR!

Deus querido, obrigado por me fazer tão especial. Me ajude a gostar de mim do jeito que eu sou e a não ter medo de mostrar para todo mundo o amor que Você colocou em mim. Em nome de Jesus, amém.

3 PROCURANDO NEMO

E este evangelho do Reino será pregado em todo o mundo como testemunho a todas as nações, e então virá o fim. **Mateus 24:14**

RELEMBRE A HISTÓRIA

Nemo é um peixinho super corajoso que mora com seu papai Marlin, lá na Grande Barreira de Coral. Um dia, o Nemo foi bem longe de casa e acabou sendo pego por mergulhadores! Ele foi parar numa caixinha de vidro, que é o aquário, na casa de um dentista e precisou ajudar seus novos amiguinhos a escapar. O plano de fuga não deu certo de primeira e Nemo acabou escapando sozinho, mas depois ele descobriu que seus amigos também conseguiram!

LIÇÃO DA BÍBLIA

O Nemo plantou uma "sementinha" de esperança e liberdade no coração dos seus amigos, mesmo sem saber o resultado. Isso nos faz lembrar de quando a gente fala de Jesus para nossos amigos! Mesmo que a gente não veja o que acontece, a "sementinha" do amor de Deus fica no coração delas. Então, vamos falar de Jesus para todos e deixar que Deus faça a sementinha crescer no coração deles!

VAMOS ORAR!

Querido Deus, nos ajude a falar de Jesus para nossos amigos e todo mundo que a gente conhece! Que a gente possa espalhar a "sementinha" da Palavra de Deus por onde a gente passar, tá bom? Amém!

4 OS INCRÍVEIS

*Agradeçam ao Senhor, porque ele é bom.
O amor dele dura para sempre.*
1 Crônicas 16:34

RELEMBRE A HISTÓRIA

Os Incríveis são uma família bem legal de super-heróis que tiveram que guardar suas roupas de superpoderes e viver como pessoas comuns. O papai, Roberto, que era o Sr. Incrível, sentia uma saudade enorme de ser um super-herói. Ele queria tanto voltar a ser herói que acabou caindo numa armadilha do vilão, o malvado Gurincrível.

LIÇÃO DA BÍBLIA

A vida do Sr. Incrível ficou mais divertida quando ele voltou a ser super-herói. Isso é como viver com Deus! Quando estamos com Ele, nossa vida fica mais animada e cheia de amor. Então, vamos sempre lembrar do amor de Deus e nunca deixar a vida ficar sem graça, tá bom?

VAMOS ORAR!

Deus querido, obrigado pelo seu amor que dura pra sempre. Por favor, nos ajude a viver a aventura de estar com Você todos os dias, em nome de Jesus, amém!

5 HAPPY FEET

Há quem considere um dia mais sagrado que outro; há quem considere iguais todos os dias. Cada um deve estar plenamente convicto em sua própria mente.
Romanos 14:5

RELEMBRE A HISTÓRIA

Os Pinguins Imperadores lá no frio da Antártida amam cantarolar, todos, menos o Mano, que adora dançar sapateado! Mesmo sendo diferente, Mano parte em uma aventura para descobrir por que os peixes sumiram e ajudar seus amiguinhos. Ele até encontra novos pinguinzinhos na jornada!

LIÇÃO DA BÍBLIA

Ser diferente como o Mano não é ruim. É como as igrejas cristãs! Elas podem ter jeitos diferentes de falar com Deus, mas todas ainda amam Jesus. O importante é que a Bíblia é o nosso guia e Jesus é o coração de tudo. Não devemos julgar os outros que são diferentes de nós, mas devemos compartilhar o amor de Jesus com todos!

VAMOS ORAR!

Jesus querido, obrigado por nos amar, mesmo que sejamos diferentes. Ajuda-nos a sermos bons amigos e a compartilhar o Seu amor com todos que conhecemos. Amém.

6 RATATOUILLE

Cada um exerça o dom que recebeu para servir aos outros, administrando fielmente a graça de Deus em suas múltiplas formas.
1 Pedro 4:10

RELEMBRE A HISTÓRIA

Remi, um ratinho que consegue encontrar comidinhas gostosas e evitar as ruins, mora na França. Um dia, a dona da casa encontra os ratos e Remi se perde da família. Aí começa uma aventura que leva o ratinho até o restaurante do famoso chef Gusteau, onde conhece o Alfredo Linguini. Juntos, eles vão fazer comidas deliciosas!

LIÇÃO DA BÍBLIA

Assim como o Remi e o Alfredo, na igreja nós também temos talentos especiais. Quando a gente se junta, podemos fazer coisas incríveis para deixar Deus feliz. A Bíblia nos ensina a ajudar os outros com nossos talentos, assim como Remi e Alfredo fizeram no restaurante!

VAMOS ORAR!

Deus querido, nos ajuda a usar nossos talentos para ajudar as pessoas e deixar Você feliz. Como o Remi e o Alfredo, queremos trabalhar juntos para fazer coisas incríveis. Ajuda a gente a ser sempre legal e gentil com os outros, assim como Jesus nos ensinou. Amém.

7 WALL-E

O Senhor Deus colocou o homem no jardim do Éden para cuidar dele e cultivá-lo.
Gênesis 2:15

RELEMBRE A HISTÓRIA

Num futuro bem longe daqui a Terra ficou toda bagunçada, com lixo pra todo lado e as pessoas foram viver numa nave pelo espaço. O único robozinho que ficou na Terra, chamado WALL-E, limpava o lixo e guardava coisinhas que achava legal, como um brotinho de planta! Ele se encantou por outro robô, a EVA, e juntos, eles embarcam numa aventura para ajudar as pessoas para salvar o planeta para a humanidade!

LIÇÃO DA BÍBLIA

Essa história nos faz lembrar que a gente precisa cuidar da nossa casa, o planeta Terra. Deus nos deu a tarefa de cuidar bem dele e, mesmo que a gente não consiga evitar todas as coisas ruins, podemos ajudar fazendo pequenas ações em casa, como separar o lixo pra reciclagem e economizar água e eletricidade. Se todos fizerem sua parte, transformaremos a Terra em um lugar melhor para todos!

VAMOS ORAR!

Deus querido, ajuda a gente a cuidar melhor da nossa Terra. Ajuda a gente a lembrar de pequenas coisas, como reciclar o lixo e cuidar das plantinhas. A gente quer que a Terra fique bonita para todas as crianças que vão nascer depois da gente! Em nome de Jesus, amém!

8 UP! ALTAS AVENTURAS

Descobri que não há nada melhor para o homem do que ser feliz e praticar o bem enquanto vive.
Eclesiastes 3:12

RELEMBRE A HISTÓRIA

Carl é um senhor que vende balões e tinha um sonho com sua esposa Ellie de viver no lugar chamado Paraíso das Cachoeiras. Mas, quando eles finalmente podiam ir pra lá, Ellie virou uma estrelinha no céu. Mesmo triste e sozinho, Carl decide levar a sua casinha até o Paraíso das Cachoeiras usando um montão de balões coloridos. Na sua aventura, ele conhece Russel, um amiguinho escoteiro que decide ajudar Carl nessa viagem fantástica!

LIÇÃO DA BÍBLIA

O filme Up nos mostra que a gente pode correr atrás dos nossos sonhos a qualquer momento e que é importante confiar nossos planos a Deus, porque Ele sempre sabe o que é melhor pra gente. Mesmo quando a gente fica triste, como quando perdemos alguém que a gente ama muito, a gente precisa lembrar que a vida segue e a gente deve viver cada dia com alegria, amando e perdoando as pessoas ao nosso redor.

VAMOS ORAR!

Deus querido, ajuda a gente a seguir nossos sonhos e a confiar nos Teus planos. Dê pra gente coragem pra encarar os desafios e nos ensina a amar e perdoar. Assim como Carl e Russel, a gente quer viver cada dia com muita alegria e gratidão. Em nome de Jesus, amém!

9 TOY STORY 3

E ninguém põe vinho novo em vasilhas de couro velhas; se o fizer, o vinho rebentará as vasilhas, e tanto o vinho quanto as vasilhas se estragarão. Pelo contrário, põe-se vinho novo em vasilhas de couro novas".
Marcos 2:22

RELEMBRE A HISTÓRIA

Woody, Buzz e todos os brinquedos do Andy têm um problemão: Andy cresceu e vai para a faculdade. Todos pensam que vão morar no sótão, menos Woody, que iria com Andy. Mas, um engano faz os brinquedos irem para uma escolinha chamada Sunny Side. Woody então começa uma super aventura para salvar seus amigos. E quando Andy finalmente consegue dizer tchau para seus brinquedos, eles encontram uma nova criança para se divertir!

LIÇÃO DA BÍBLIA

O filme Toy Story 3 nos mostra o quão importante é crescer. Às vezes, para ficarmos grandões, precisamos dizer tchau para algumas coisas do passado, como Andy fez com seus brinquedos. Pode ser um pouquinho difícil, mas também nos ajuda a seguir em frente para a próxima etapa das nossas vidas. Deus quer que a gente enfrente nossos problemas, peça desculpas quando errarmos e vivamos as novidades que Ele tem para nós!

VAMOS ORAR!

Querido Deus, ajuda a gente a crescer e a deixar para trás as coisas que nos fazem continuar pequenos. Dá pra gente coragem para pedir desculpas e viver as coisas novas que Tu tens para nós. Queremos ser bons exemplos para os outros, como Woody e seus amigos foram para a nova criança. Em nome de Jesus, amém!

10 RANGO

Pois vocês são salvos pela graça, por meio da fé, e isto não vem de vocês, é dom de Deus;
Efésios 2:8

RELEMBRE A HISTÓRIA

Rango é um camaleão que mora em um aquário e sonha com aventuras enormes. Um dia, ele acaba na cidadezinha de Poeira, no meio do deserto, onde todos estão assustados com uma gangue de bandidos e sem água. Rango, sem querer, vence uma águia que o perseguia e, por isso, os moradores o veem como um herói e fazem dele Xerife. Agora, Rango precisa ser valente e mostrar que é corajoso, mesmo estando amedrontado!

LIÇÃO DA BÍBLIA

A história do Rango nos mostra que às vezes a gente se encontra em situações difíceis e precisa ser corajoso, mesmo que estejamos com medo. Igual ao Rango, nós também somos salvos por Jesus, não por causa do que fazemos, mas por tudo que Ele fez por nós. Depois disso, temos que ser valentes todos os dias, para mostrar nosso amor por Ele e para ajudar os outros!

VAMOS ORAR!

Querido Jesus, obrigado por nos salvar e por nos amar, mesmo quando temos medo. Ajuda a gente a ser corajoso como Rango e a fazer as escolhas certas todos os dias. Queremos seguir seus passos e iluminar o caminho para outras pessoas. Em teu nome poderoso, amém!

11 VALENTE

Honra teu pai e tua mãe, a fim de que tenhas uma vida longa na terra que o Senhor, teu Deus, te dá.
Êxodo 20:12

RELEMBRE A HISTÓRIA

A princesa Merida mora na Escócia de muitos anos atrás e não está nada animada com a ideia de se casar com o filho de um amigo de seu pai, o rei Fergus, como manda a tradição. Ela acaba pedindo uma ajudinha a uma bruxa e, sem querer, transforma sua mamãe numa ursa. Agora, Merida precisa correr contra o tempo para desfazer a magia, salvar sua mãe e evitar uma grande confusão entre as famílias de sua história.

LIÇÃO DA BÍBLIA

A história de Merida nos ensina como é importante respeitar e entender nossos pais. Os pais, como o rei Fergus, fazem o melhor que conseguem e, às vezes, filhos, como Merida, querem coisas diferentes. É importante lembrar que nossos pais nos amam muito e cuidam de nós, mesmo que nem sempre entendamos tudo. Assim como Merida, precisamos aprender a valorizar e respeitar nossos pais, porque eles só querem o nosso bem.

VAMOS ORAR!

Querido Deus, por favor, ajuda-nos a respeitar e amar nossos pais, mesmo quando a gente não entender tudo o que eles nos dizem no presente. Ajuda-nos a agradecer por tudo que eles fazem e nos ensina a sermos bons filhos. Obrigado por ser o nosso maior Pai e por cuidar de nós todos os dias. Em nome de Jesus, amém!

12 FROZEN

"Como, pois, invocarão aquele em quem não creram? E como crerão naquele de quem não ouviram falar? E como ouvirão, se não houver quem pregue?"
Romanos 10:14

RELEMBRE A HISTÓRIA

As princesas Elsa e Anna, do reino de Arendelle, além de irmãs, eram melhores amigas. Mas, um dia, Elsa acertou Anna sem querer com seu poder de fazer gelo. Com medo de machucá-la de novo, Elsa ficou sozinha, e as duas acabaram se afastando. Quando seus pais viraram estrelas no céu, depois de um acidente no navio em que estavam, Elsa teve que ser a rainha. Mas, no dia de sua coroação, ela congelou tudo sem querer e saiu correndo, deixando Arendelle em um inverno sem fim. Então, Anna partiu numa aventura para encontrar Elsa e salvar seu lar.

LIÇÃO DA BÍBLIA

Elsa estava com medo de usar seus poderes, mesmo que eles pudessem ajudar os outros. Isso é como quando a gente tem medo de ser quem Deus quer que a gente seja. Deus quer que a gente espalhe Seu amor e Sua palavra, assim como Anna fez ao compartilhar seu amor com Elsa. Se não fizermos isso, o mundo pode ficar mais frio e triste, como Arendelle ficou. Por isso, precisamos ser corajosos e cumprir nossa missão de espalhar amor e bondade!

VAMOS ORAR!

Querido Deus, por favor, nos dê coragem para sermos quem Tu queres que sejamos e para compartilharmos Teu amor com todo mundo. Ajuda-nos a sermos como Anna, que não teve medo de fazer o que era certo. Obrigado por sempre estar perto de nós! Em nome de Jesus, amém!

13 OPERAÇÃO BIG HERO

Suportem-se uns aos outros e perdoem as queixas que tiverem uns contra os outros. Perdoem como o Senhor lhes perdoou. **Colossenses 3:13**

RELEMBRE A HISTÓRIA

Tadashi Hamada era um inventor incrível que fez o robô Baymax para ajudar todo mundo. Mas, um dia, ele virou uma estrela no céu por causa de um incêndio. Seu irmãozinho, Hiro, ficou muito triste e bravo com o malvado Yokay que causou o incêndio. Hiro e os amigos de Tadashi decidiram enfrentar Yokay. Mas Hiro percebeu que ficar bravo só machucava as pessoas que ele gostava, então decidiu perdoar e seguir em frente.

LIÇÃO DA BÍBLIA

Quando Hiro e Yokay perderam pessoas que amavam, eles reagiram de jeitos diferentes. Hiro conseguiu superar a tristeza com a ajuda de seus amigos e decidiu perdoar. Assim como Hiro, quando temos problemas, o jeito como agimos é o que importa. Não devemos ficar sozinhos, precisamos de nossos amigos. E devemos aprender a perdoar, como o amigo de Jesus, o apóstolo Paulo, nos ensina na Bíblia. Perdoar é uma escolha que nos faz livres e nos ajuda a seguir em frente!

VAMOS ORAR!

Deus, por favor, nos ajuda a sermos fortes como Hiro. Dá-nos amigos de verdade para nos ajudar quando estamos tristes. Ajuda-nos a perdoar aqueles que nos machucam e a seguir em frente com amor. Obrigado por nos amar e nos guiar sempre! Em nome de Jesus, amém!

14 DIVERTIDAMENTE

Melhor é o homem paciente do que o guerreiro, mais vale controlar o seu espírito do que conquistar uma cidade. **Provérbios 16:32**

RELEMBRE A HISTÓRIA

Riley é uma menina cujos sentimentos são como personagens: Alegria, Tristeza, Medo, Raiva e Nojinho. Tudo estava bem até que Riley teve que mudar de cidade. Isso embaralhou seus sentimentos. Quando a Alegria e a Tristeza perdem o controle, o Medo, a Raiva e o Nojinho tomaram conta da mente da menina. Riley ficou triste e confusa, mas a Alegria percebeu que a Tristeza também é importante, pois ela mostra quando Riley precisa de um abraço e de ajuda de quem a ama!

LIÇÃO DA BÍBLIA

Todas as nossas emoções têm um papel especial na nossa vida. Precisamos aprender a cuidar delas, sem deixá-las mandar na gente. Mesmo quando estamos tristes, como a Riley, sabemos que logo o sol vai brilhar e a alegria vai chegar, como o rei Davi nos ensina nos Salmos. É importante conversar sobre nossos sentimentos e lembrar que o Espírito Santo está sempre com a gente para ajudar a cuidar das nossas emoções.

VAMOS ORAR!

Querido Deus, por favor nos ajude a entender nossos sentimentos, como a Riley. Ensina-nos a cuidar bem deles e a lembrar que Tu estás sempre com a gente, mesmo quando estamos tristes. Obrigado por mandar o Espírito Santo para nos ajudar. Em nome de Jesus, amém!

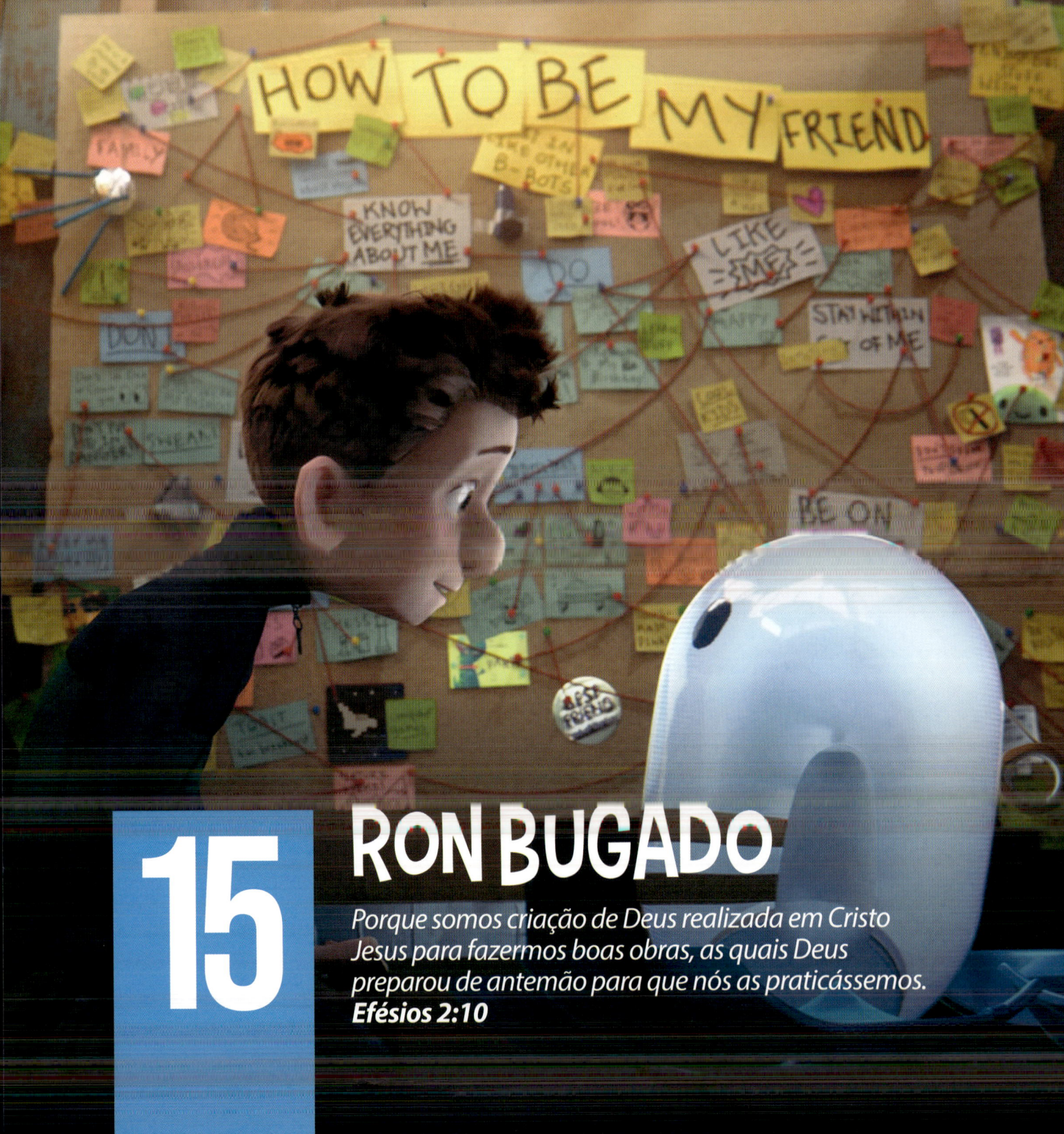

15 RON BUGADO

Porque somos criação de Deus realizada em Cristo Jesus para fazermos boas obras, as quais Deus preparou de antemão para que nós as praticássemos.
Efésios 2:10

RELEMBRE A HISTÓRIA

Em "Ron Bugado", Barney ganha um robô, Ron, como amigo. Mas, surpresa! Ron vem com umas falhinhas engraçadas. Ao invés de ser perfeito, ele é esquisito e engraçado. Mesmo assim, Barney descobre que Ron é o amigo perfeito para ele.

LIÇÃO DA BÍBLIA

A Bíblia nos ensina que o perfeito aos olhos do mundo pode não ser o melhor para nós. Deus nos ama do jeito que somos, com nossas falhas e tudo. Ele nos fez únicos e especiais. Assim como Barney e Ron, podemos achar amigos que gostem de nós como somos.

VAMOS ORAR!

Querido Deus, obrigado por me fazer único e especial. Ajuda-me a encontrar amigos que gostem de mim como eu sou, assim como Barney e Ron. Ensina-me a amar e aceitar os outros, mesmo que sejam um pouquinho diferentes. Amém.

16 RAYA E O ÚLTIMO DRAGÃO

Peço-lhes, irmãos, pelo nome de nosso Senhor Jesus Cristo, que todos concordem uns com os outros no que falam, para que não haja divisões entre vocês.
1 Coríntios 1:10

RELEMBRE A HISTÓRIA

No filme "Raya e o Último Dragão», a princesa Raya, super corajosa, sai numa grande aventura para salvar seu reino, Kumandra. Ela está à procura do último dragão, Sisu, para trazer paz e unir todas as partes do Reino que foram separadas por um vilão muito antigo.

LIÇÃO DA BÍBLIA

A aventura de Raya nos ensina como é importante acreditar e estarmos unidos com os outros. Assim como Raya acreditou e trabalhou para unificar seu reino, a gente também deve ter fé e trabalhar junto com nossos amigos para vivermos em harmonia com todos!

VAMOS ORAR!

Querido Deus, me ajude a ser corajoso(a) como a princesa Raya, a ter fé e a trabalhar bem com meus amigos. Eu quero que minha vida mostre o seu amor e traga paz para as pessoas ao meu redor. Em nome de Jesus, amém!

17 HOMEM-ARANHA NO ARANHAVERSO

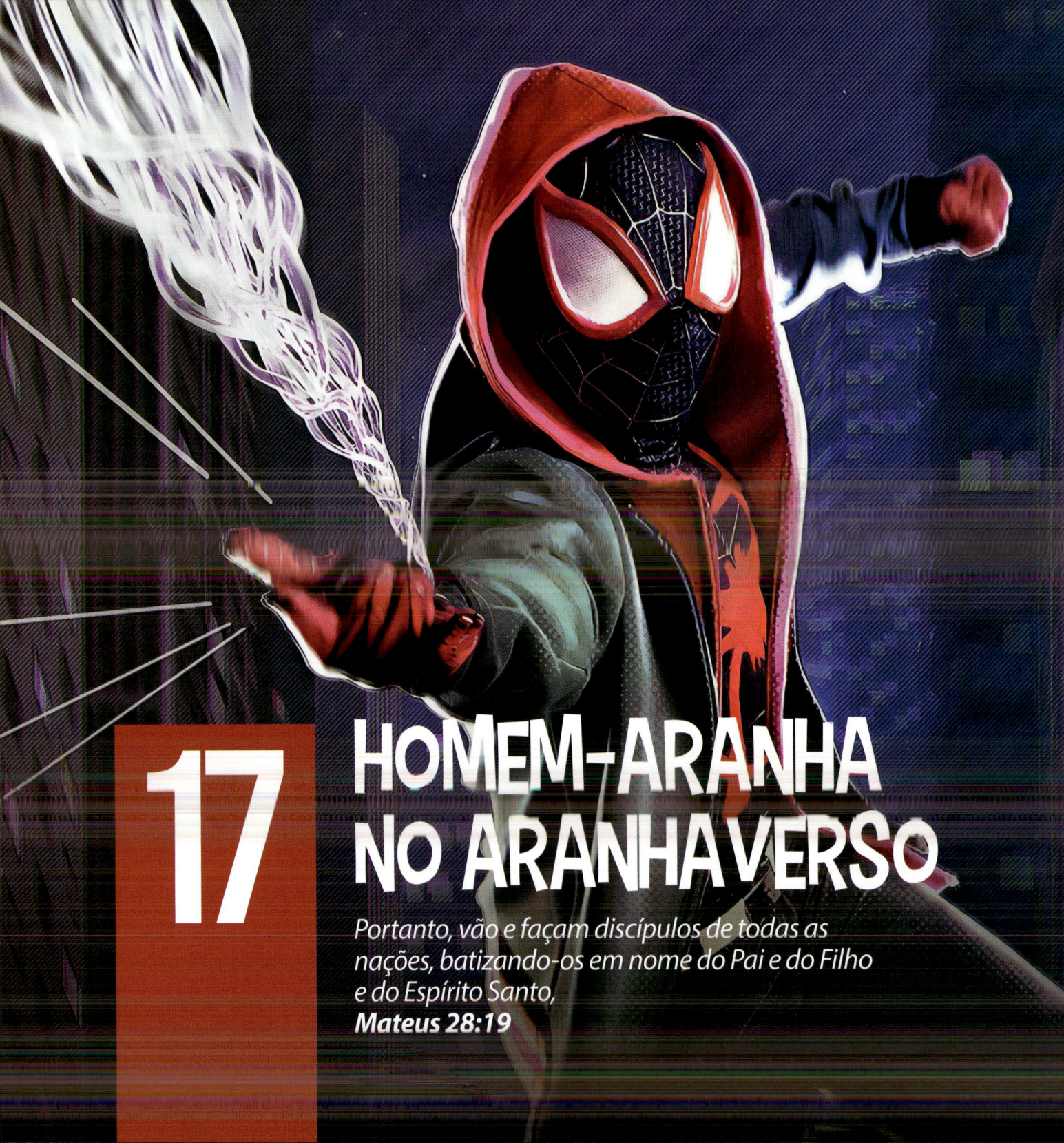

Portanto, vão e façam discípulos de todas as nações, batizando-os em nome do Pai e do Filho e do Espírito Santo,
Mateus 28:19

RELEMBRE A HISTÓRIA

Miles Morales é um menino comum até que uma aranha modificada o morde e, de repente, ele se transforma no novo Homem-Aranha! Quando Peter Parker, vai para o céu, Miles se torna o único Homem-Aranha. Depois, um acidente faz aparecer vários heróis de outras dimensões e todos eles ajudam Miles a enfrentar vilões malvados!

LIÇÃO DA BÍBLIA

Assim como Miles precisou de ajuda para aprender a ser um super-herói, nós também precisamos de ajuda para aprender sobre Deus. Isso é o que chamamos de disipulado. Também precisamos de amigos, como em nossa igreja local, para nos ajudar quando as coisas ficam difíceis, assim como os outros Homens-Aranhas ajudaram Miles.

VAMOS ORAR!

Querido Deus, obrigado por me dar pessoas que me ajudam a aprender sobre Você. Ajuda-me a ser um bom amiguinho para os outros e a fazer parte da nossa igreja local. Dá-me coragem para enfrentar desafios difíceis, como o Miles fez. Em nome de Jesus, amém!

18 TOY STORY 4

Assim, você já não é mais escravo, mas filho; e, por ser filho, Deus também o tornou herdeiro.
Gálatas 4:7

RELEMBRE A HISTÓRIA

Woody e seus amigos agora são brinquedos da pequena Bonnie. Bonnie cria um novo amiguinho, o Garfinho, mas ele pensa que seu lugar é no lixo. Woody então ensina ao Garfinho que ele é um brinquedo muito querido. No fim, Woody decide viver com Betty, sua amiga que ele não via há muito tempo!

LIÇÃO DA BÍBLIA

Às vezes, como o Garfinho, podemos nos sentir sem valor. Mas Deus, assim como o Woody, mostra que somos muito amados. Antes, estávamos presos nas coisas ruins, mas agora somos parte da família de Deus! Isso é incrível e nos dá uma nova família e um propósito.

VAMOS ORAR:

Querido Deus, obrigado por me amar muito, mesmo quando eu não me sinto tão especial. Ajuda-me a lembrar sempre que sou Teu filhinho e que Tu tens um plano todo especial para mim. Ajuda-me a mostrar esse amor para os outros também. Em nome de Jesus, amém!

19 A PEQUENA SEREIA

Mas Deus prova o seu amor para conosco, em que Cristo morreu por nós, sendo nós ainda pecadores.
Romanos 5:8

RELEMBRE A HISTÓRIA

Ariel é uma sereia que sonha em se tornar uma pessoa como você e eu para poder viver com o príncipe Eric. Para isso, ela faz um trato com a bruxa do mar, a Úrsula, mas isso a deixa em uma situação bastante complicada. No final, o papai dela, o Rei Tritão, a transforma em humana para viver a vida que ela sempre sonhou.

LIÇÃO DA BÍBLIA

A aventura de Ariel nos mostra como o amor de Deus é grande por nós. Assim como o Rei Tritão ajudou Ariel, Deus também nos ama e está sempre pronto para nos ajudar, mesmo quando fazemos bobagem.

VAMOS ORAR!

Deus querido, obrigado por me amar mesmo quando eu erro. Ajuda-me a lembrar sempre do Teu amor e a tomar decisões boas. Eu quero viver para Te agradar, assim como Ariel viveu seu sonho. Em nome de Jesus, amém.

20
ENCANTO

Há diferentes tipos de dons,
mas o Espírito é o mesmo.
1 Coríntios 12:4

RELEMBRE A HISTÓRIA

Mirabel vem de uma família mágica chamada Madrigal. Todos na família têm superpoderes e talentos, menos ela, o que a deixa um pouquinho triste. A magia da família começa a sumir e apenas Mirabel percebe isso. Quando a casinha deles começa a cair, Mirabel descobre que seu superpoder é cuidar da magia!

LIÇÃO DA BÍBLIA

Esse conto nos lembra que, como na família da Mirabel, todos na igreja têm dons diferentes para ajudar ao próximo. Às vezes, podemos nos sentir sem talentos especiais, como Mirabel, mas Jesus nos mostra que o mais importante é o amor. Precisamos focar em ajudar os outros, não em ser os mais incríveis.

VAMOS ORAR!

Senhor querido, ajuda-me a descobrir meu dom, igual a Mirabel. Ajuda-me a mostrar amor e ser bondoso com os outros, mesmo que não pareça algo extraordinário. Obrigado por me amar do jeitinho que eu sou. Em nome de Jesus, amém!

21 A BELA E A FERA

O Senhor não vê como o homem: o homem vê a aparência, mas o Senhor vê o coração.
1 Samuel 16:7

RELEMBRE A HISTÓRIA

Bela é uma moça muito querida que decide morar com a Fera para libertar seu papai. A Fera parece assustadora e meio brava, mas na verdade, é um príncipe que foi enfeitiçado. Com o tempo, Bela olha para o coração da Fera, não para sua aparência, e encontra um coração carinhoso e cheio de amor.

LIÇÃO DA BÍBLIA

Essa história nos mostra como Deus nos ama. Ele, assim como a Bela, olha para nosso coração, não para como a gente se parece. Deus nos ama de qualquer jeito, não importa a maneira como os outros nos vejam!

VAMOS ORAR!

Deus amado, ajuda-me a ver as pessoas como Tu as vês, olhando para o coração, não para como são por fora. Ensina-me a ser carinhoso e amável como na história da Bela e a Fera. Obrigado por me amares tanto. Em nome de Jesus, amém.

22 OS MINIONS

Da mesma forma jovens, sujeitem-se aos mais velhos. Sejam todos humildes uns para com os outros, porque "Deus se opõe aos orgulhosos, mas concede graça aos humildes".
1 Pedro 5:5

RELEMBRE A HISTÓRIA

Os Minions são criaturinhas amarelas muito divertidas que procuram um líder para servir. No filme, eles encontram e seguem a vilã Scarlet Overkill, mas percebem que nem todos os líderes são bons.

LIÇÃO DA BÍBLIA

A Bíblia diz que devemos escolher nossos líderes com sabedoria. Assim como os Minions, às vezes, podemos seguir as pessoas erradas. Mas Deus quer que sigamos líderes que sejam bons e justos.

VAMOS ORAR!

Querido Deus, por favor, me ajude colocando bons líderes, como amigos e professores ao longo de meu caminho. E mesmo quando eu errar, lembra-me que Tu és o meu maior líder. Quero seguir Teus passos e ser bom como Tu és. Em nome de Jesus, amém!

23 SING

"Tudo o que fizerem, façam de todo o coração, como para o Senhor, e não para os homens."
Colossenses 3:23

RELEMBRE A HISTÓRIA

Em "Sing", Buster, um coala, organiza um grande concurso de canto para salvar seu teatro. Diversos bichinhos com talento, como a porquinha Rosita, o gorila Johnny e a elefantinha Meena, vêm participar. Juntos, eles descobrem que cantar de coração vale mais que qualquer prêmio.

LIÇÃO DA BÍBLIA

Sabe, amiguinho, a Bíblia nos ensina que devemos usar nossos talentos para trazer alegria para as pessoas e honrar a Deus, assim como os personagens em "Sing". Não importa o que seja, o importante é fazê-lo com amor e carinho.

VAMOS ORAR!

Querido Deus, obrigado pelos meus talentos. Ajuda-me a usá-los para fazer as pessoas felizes e para Te honrar. Que eu possa cantar, dançar, desenhar ou qualquer coisa que eu faça, com amor no coração, assim como os amiguinhos do filme "Sing". Amém.

24 REI LEÃO

Na primavera, época em que os reis saíam para a guerra, Davi enviou para a batalha Joabe com seus oficiais e todo o exército de Israel; e eles derrotaram os amonitas e cercaram Rabá. Mas Davi permaneceu em Jerusalém.

2 Samuel 11:1

RELEMBRE A HISTÓRIA

Mufasa é um leão bondoso que é o rei de um lugar chamado Reino. Quando seu filhotinho Simba nasce, o irmão malvado de Mufasa, Scar, fica com inveja. Scar faz Simba pensar que a morte de Mufasa é sua culpa. Simba fica com muito medo e foge, mas faz novos amigos chamados Pumba e Timão. Eles brincam e se divertem muito juntos. Um dia, Simba decide voltar para casa e enfrentar Scar, tornando-se o verdadeiro rei do Reino, para libertar todos os animais maltratados pelo malvado Scar.

LIÇÃO DA BÍBLIA

Na aventura de Simba, aprendemos uma lição que a Bíblia também nos ensina: temos que ser responsáveis. Quando Simba fugiu, as Terras do Reino ficaram tristes com Scar no comando. Como Simba, todos nós temos coisas importantes para fazer na nossa família, na igreja e na escola. Mesmo pequenininhos, podemos fazer coisas grandes para todos ao nosso redor!

VAMOS ORAR!

Deus querido, me ajuda a ser responsável. Me ensina a ajudar minha família, meus amigos e a minha igreja. Quero ajudar a resolver problemas, não causar eles. Amém.

25 A ERA DO GELO

Não se deixem vencer pelo mal, mas vençam o mal com o bem.
Romanos 12:21

RELEMBRE A HISTÓRIA

Em uma época muito fria, chamada de Era do Gelo, três amigos bem diferentes vivem aventuras incríveis. Manny é um mamute grande e forte que perdeu sua família. Sid é uma preguiça bem engraçada que foi esquecida pelos amigos. E Diego é um tigre corajoso que precisa tomar uma decisão muito importante. Juntos, eles descobrem o quão legal é a amizade, ajudando uns aos outros e protegendo um bebê humano, enquanto enfrentam muitos perigos!

LIÇÃO DA BÍBLIA

A aventura desses amigos nos ensina algo que a Bíblia também fala: nunca devemos responder o mal com mal. Mesmo quando os tempos são difíceis e parece que as coisas não estão justas, podemos escolher ser gentis e amorosos, do mesmo jeito que Jesus nos ensinou. Manny, Sid e Diego mostram que, mesmo em um mundo frio e cruel, o amor e a amizade sempre vencem.

VAMOS ORAR!

Deus querido, por favor, me ajuda a ser gentil, mesmo quando as pessoas não são legais comigo. Me ensina a ser um bom amigo e a amar todos, mesmo quando é difícil. Obrigado por me amar e me dar amigos. Amém.

26 MADAGASCAR

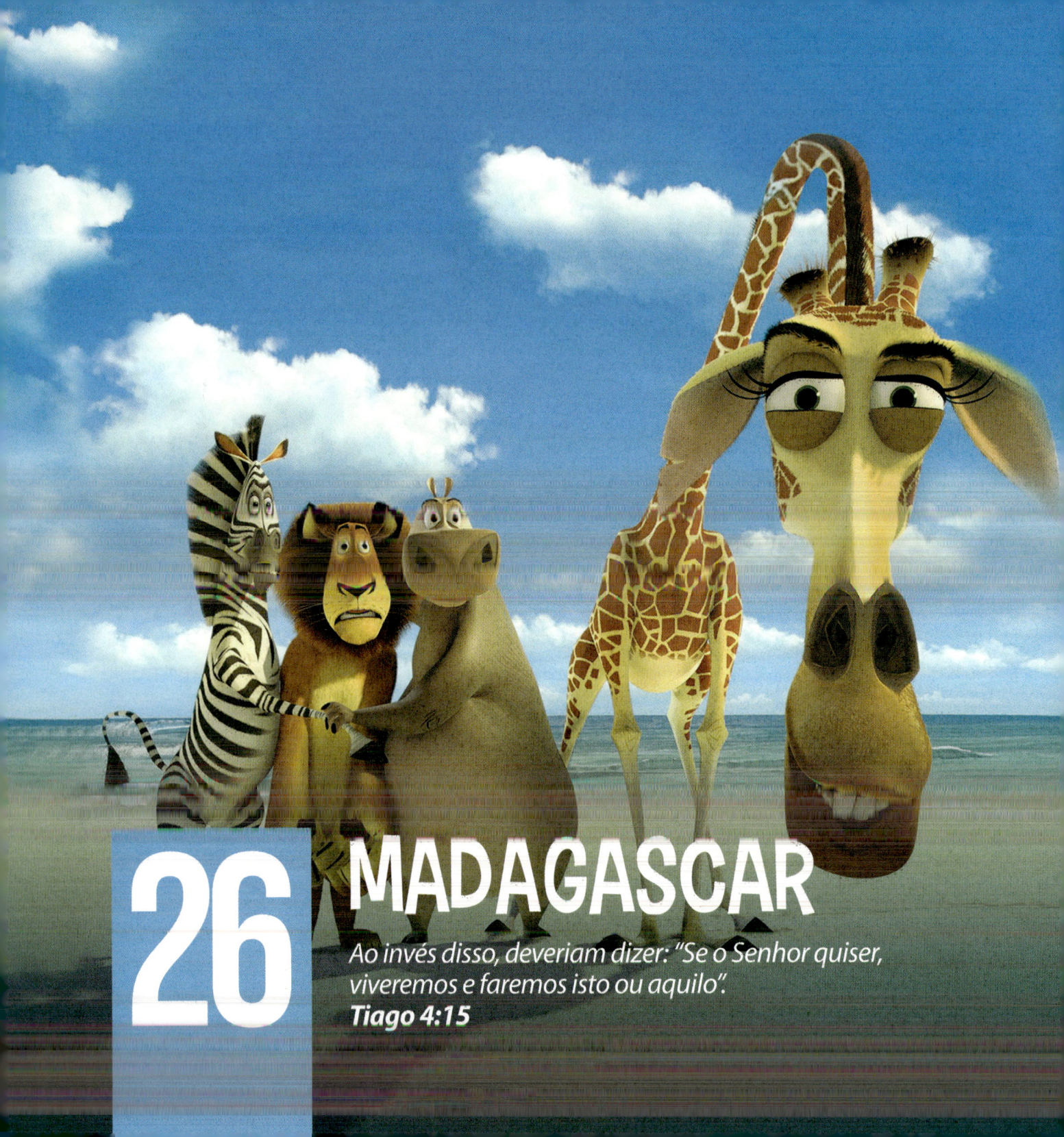

Ao invés disso, deveriam dizer: "Se o Senhor quiser, viveremos e faremos isto ou aquilo".
Tiago 4:15

RELEMBRE A HISTÓRIA

Alex é um leão muito legal e é a grande atração do Zoológico de Nova York. Ele adora viver ali com seus amigos Marty, Melman e Gloria. Mas, um dia, eles são levados para um lugar bem diferente chamado Madagascar. Nessa ilha, eles conhecem uns bichinhos engraçados chamados lêmures, que têm medo de outros animais chamados fossas. Quando Alex fica com muita fome e começa a ver seus amigos como comida, ele decide se afastar para mantê-los em segurança, mas aí as fossas voltam!

LIÇÃO DA BÍBLIA

O filme "Madagascar" nos ensina sobre um plano especial que Deus tem para todos os Seus filhos e filhas! Isso quer dizer que mesmo quando coisas inesperadas acontecem, como Alex e seus amigos indo parar em Madagascar, Deus ainda está no controle de tudo. Eles ajudaram os lêmures a viverem mais tranquilos. Isso mostra que mesmo que não possamos entender tudo o que acontece, podemos confiar que Deus tem um plano para nossas vidas!

VAMOS ORAR!

Querido Deus, ajuda-me a lembrar que Você tem um plano para mim. Mesmo quando não entendo tudo o que acontece, eu sei que posso confiar em Você. Por favor, me guie e me proteja. Em nome de Jesus, amém.

27 MONSTROS S.A.

No amor não há medo; pelo contrário o perfeito amor expulsa o medo, porque o medo supõe castigo. Aquele que tem medo não está aperfeiçoado no amor.
1 João 4:18

RELEMBRE A HISTÓRIA

Na cidade chamada Monstrópolis, os monstros usam os gritos das crianças para fazer energia, mas os pequeninos já não estão se assustando como antes! Dois monstros chamados James Sullivan e Mike Wazowski, encontram uma menininha fofa chamada Boo. Eles descobrem que o seu riso gera muito mais energia do que seus gritos! Eles também descobrem que o chefe da empresa está aprontando, mas eles conseguem parar o plano malvado e se tornam os novos chefões da Monstros S.A.!

LIÇÃO DA BÍBLIA

A história do filme "Monstros S.A." nos mostra o poder do amor. No começo, os monstros achavam que precisavam dar sustos nas crianças, mas depois aprenderam que o riso é muito melhor. É igual ao amor que Deus sente por nós. Deus não quer que a gente tenha medo, Ele quer ver a gente feliz. O amor de Deus é mais forte que qualquer medo. Ele está sempre ao nosso lado, aconteça o que acontecer!

VAMOS ORAR!

Querido Deus, ajuda a gente a lembrar que o Teu amor é mais forte que qualquer medo. Ajuda a gente a confiar em Ti e a levar a alegria do Teu amor para todos que a gente encontrar. Amém.

28 KUNG FU PANDA

Certa vez, José teve um sonho e, quando o contou a seus irmãos, eles passaram a odiá-lo ainda mais.
Gênesis 37:5

RELEMBRE A HISTÓRIA

Po é um pandinha que adora Kung Fu e sonha em aprender este estilo de luta. Ele ajuda no restaurante do papai dele e não sobra tempo para treinar. Quando o sábio mestre Oogway vê que um perigo está chegando, eles fazem uma festa para escolher o Dragão Guerreiro, o único que pode usar um pergaminho mágico com poder sem fim. Po chega atrasado na festa, mas, sem querer, é escolhido como o Guerreiro Dragão. Ele treina bastante, vira amigão dos famosos lutadores chamados Cinco Furiosos, ganha o respeito de todos e consegue vencer o vilão Tai Lung.

LIÇÃO DA BÍBLIA

Na Bíblia, tem um menino chamado José que, igualzinho ao Po, passou por um treinamento bem difícil. Os irmãos dele ficaram com ciúmes e venderam ele como escravo. Mas José nunca deixou de acreditar nos seus sonhos e virou um homem muito importante no Egito. Assim como o José e Po, nós devemos continuar acreditando nos nossos sonhos, mesmo que ninguém mais acredite. Precisamos ser fortes e valentes durante todo o tempo, até que os nossos sonhos se realizem!

VAMOS ORAR!

Querido Deus, por favor, ajude-nos a ser fortes e valentes como Po e José. Ajude-nos a continuar acreditando nos nossos sonhos, mesmo quando as coisas ficarem difíceis. E lembre-nos de que, com a Sua ajuda, podemos fazer qualquer coisa. Em nome de Jesus, Amém!

29 COMO TREINAR SEU DRAGÃO

Ninguém o despreze pelo fato de você ser jovem, mas seja um exemplo para os fiéis na palavra, no procedimento, no amor, na fé e na pureza.

1 Timóteo 4:12

RELEMBRE A HISTÓRIA

Soluço é um menino que mora em Berk, um lugar cheio de vikings que vive sendo visitado por dragões. Ele não é fortão como os outros vikings, então passa o tempo aprendendo a fazer espadas e escudos. Soluço quer provar que é valente e acaba pegando um dragão muito raro da espécie Fúria da Noite. Em vez de machucá-lo, ele o ajuda a voar de novo e os dois se tornam super amigos. Quando um grande perigo aparece, Soluço e seus amigos montam nos dragões para salvar todo mundo, e o vilarejo passa a viver em harmonia com os dragões.

LIÇÃO DA BÍBLIA

Na Bíblia, o apóstolo Paulo diz ao seu amigo Timóteo que mesmo sendo jovem, ele pode ser um bom ajudante de Deus. Assim como Soluço, que acreditou que vikings e dragões poderiam ser amigos, nós devemos ter fé e seguir o plano de Deus. Mesmo sendo pequeninos, podemos ter ideias incríveis para espalhar o amor de Deus, mas devemos sempre seguir as palavras de Deus e ser bons exemplos para os outros, assim como Soluço foi para os vikings.

VAMOS ORAR!

Querido Deus, nos ajude a ser corajosos e amigáveis como Soluço. Nos dê força para seguir Seu caminho, mesmo que seja difícil. Nos ajude a ser bons exemplos e a usar nossas ideias para espalhar Seu amor. Em nome de Jesus, amém!

30 ANGRY BIRDS

Porque o corpo não é um só membro, mas muitos.
1 Coríntios 12:14

RELEMBRE A HISTÓRIA

Os passarinhos Red, Chuck e Bomb vivem em uma ilha cheia de alegria. Tudo muda quando porquinhos verdes invadem a ilha. Red e seus amigos precisam proteger seu lar e aprendem o valor do trabalho em equipe.

LIÇÃO DA BÍBLIA

A Bíblia nos ensina sobre trabalhar juntos, além da importância em controlarmos nossas emoções. Red, por exemplo, tem um temperamento muito raivoso, que precisa ser controlado. Assim como os Angry Birds, devemos aprender a unir nossas forças e nos controlarmos para o bem.

VAMOS ORAR!

Querido Deus, por favor, me ajude a trabalhar bem com os outros. Que eu possa aprender com meus amigos e ensiná-los também. Ensina-me a proteger e cuidar das pessoas e coisas que amo, assim como os Angry Birds. Em nome de Jesus, amém!

31 HOTEL TRANSILVÂNIA

De fato, embora a esta altura já devessem ser mestres, vocês precisam de alguém que lhes ensine novamente os princípios elementares da palavra de Deus. Estão precisando de leite, e não de alimento sólido!
Hebreus 5:12

RELEMBRE A HISTÓRIA

No Hotel Transilvânia, o Conde Drácula fazia todos os monstros se sentirem seguros longe dos humanos. Ele tem uma filha, Mavis, que sonha em conhecer o mundo. Um menino humano chamado Jonathan se perde e vai parar no hotel, e Mavis fica amiguinha dele. Drácula tenta proteger Mavis, mas percebe que ela precisa viver suas próprias aventuras.

LIÇÃO DA BÍBLIA

Sabe, às vezes, nossos pais nos protegem tanto que querem fazer tudo por nós. Mas é importante aprendermos a fazer algumas coisas por nós mesmos. Se conseguirmos, devemos ajudar em casa e cuidar das nossas coisinhas. Isso nos prepara para as grandes aventuras que Deus tem pra gente no futuro!

VAMOS ORAR!

Querido Deus, me ajude a ser prestativo e a assumir responsabilidades. Quero aprender a fazer coisas por mim mesmo e ajudar meus pais em casa. Obrigado por me preparar para as grandes aventuras que Tu tens para minha vida. Em nome de Jesus, amém!

32 DIN E O DRAGÃO GENIAL

Um amigo ama em todos os momentos; é um irmão na adversidade.
Provérbios 17:17

RELEMBRE A HISTÓRIA

Din é um garoto que encontra um utensílio mágico e, para sua surpresa, dele sai Long, um dragão muito antigo. Din descobre que tem direito a três desejos. Eles vivem grandes aventuras juntos enquanto Din decide o que desejar. Ele gostaria de reencontrar sua amiga de infância, mas será que precisa de um desejo para isso?

LIÇÃO DA BÍBLIA

Na Bíblia, aprendemos sobre a amizade verdadeira. Din aprendeu que a amizade não depende de mágica, mas de amor e cuidado.

VAMOS ORAR?

Querido Deus, obrigado pelos amigos que tenho. Ajuda-me a ser um bom amigo, a amar e cuidar como Tu nos ensinaste. E, por favor, ajuda-me a lembrar que a verdadeira mágica está no amor. Amém.

33 DETONA RALPH

"Não darás falso testemunho contra o teu próximo.
Êxodo 20:16

RELEMBRE A HISTÓRIA

Vanellope, uma personagem do jogo de corrida mais doce que existe, sonha em entrar nas corridas. No entanto, todos pensam que ela tem um "defeitinho" que pode arruinar o jogo. Mas, surpresa! Isso é uma história falsa inventada pelo Rei Doce, que na verdade é o malvado Turbo. Ele queria esconder que Vanellope é a verdadeira rainha do jogo! Com o auxílio de seu amigo Ralph, Vanellope vai desvendar a verdade e voltar a ser a líder querida que sempre foi em seu jogo!

LIÇÃO DA BÍBLIA

Já ouviu falar das Fake News? Elas acontecem quando as pessoas espalham histórias que não são verdadeiras. Às vezes, as mentirinhas podem causar muitos problemas, como foi com Vanellope. Deus nos ensina que a verdade é muito, muito importante. Antes de passarmos uma história adiante, precisamos checar se ela é verdadeira. Se ajudarmos uns aos outros, a verdade sempre vencerá!

VAMOS ORAR!

Querido Deus, me ajuda a falar sempre a verdade e a não cair em histórias falsas. Antes de passar uma história adiante, me ajuda a saber se ela é verdadeira. Quero ser alguém que sempre fale a verdade e ajude os outros a fazer o mesmo. Em nome de Jesus, amém!

34 UMA AVENTURA LEGO

Cresçam, porém, na graça e no conhecimento de nosso Senhor e Salvador Jesus Cristo. A ele seja a glória, agora e para sempre! Amém.
2 Pedro 3:18

RELEMBRE A HISTÓRIA

Emmet Brickowski é um boneco Lego bem comum que acha uma peça super especial capaz de salvar o mundo de Lego. De uma hora pra outra, ele vira um grande herói, admirado por todos, até por mestres construtores incríveis como o Batman e o Superman. Juntos, eles lutam contra o vilão Presidente Negócios, que quer grudar todas as peças de Lego. Emmet não se acha um herói, mas aprende que o verdadeiro poder mora dentro de cada um de nós.

LIÇÃO DA BÍBLIA

Igualzinho ao Emmet, estamos sempre crescendo e mudando. No começo, Pedro, um dos líderes da igreja, não reconheceu Jesus, mas depois ele mudou e virou um grande líder. Deus usa nossas vivências, sejam elas boas ou ruins, para nos ajudar a crescer. A cada dia, decidimos mudar para sermos mais parecidos com Jesus.

VAMOS ORAR!

Querido Deus, ajuda-me a aprender com tudo o que eu vivo e a crescer todos os dias. Quero ser mais parecido com Jesus. Mesmo quando as coisas ficam difíceis, ajuda-me a lembrar que estou sempre crescendo e mudando. Em nome de Jesus, amém.

35 CARROS

Quem é sábio e tem entendimento entre vocês? Que o demonstre por seu bom procedimento, mediante obras praticadas com a humildade que provém da sabedoria.
Tiago 3:13

RELEMBRE A HISTÓRIA

Relâmpago McQueen é um carro de corrida famoso que se perde em uma pequena cidade chamada Radiator Springs. No início, ele não gosta da cidade e quer sair de lá o mais rápido possível. Mas, ao fazer amigos como Mate e Sally, ele começa a gostar do lugar. Na final da grande corrida, ele ajuda um amigo em vez de vencer, mostrando sua bondade. Por causa disso, ele se torna ainda mais popular e ajuda a cidade de Radiator a ficar famosa novamente.

LIÇÃO DA BÍBLIA

A história de Relâmpago McQueen nos ensina sobre a humildade. No início, ele é orgulhoso e solitário, mas aprende a valorizar a amizade e a ajudar os outros. Ele também aprende a respeitar todos, sem achar que é melhor do que eles. A humildade nos ajuda a aprender, crescer e respeitar os outros.

VAMOS ORAR!

Querido Deus, por favor, me ajuda a ser humilde como Relâmpago McQueen. Quero respeitar os outros, fazer amigos e sempre aprender coisas novas. Ajuda-me a lembrar que todos são importantes e merecem respeito. Obrigado por me amar e me ensinar. Em nome de Jesus, amém!

36 TÁ CHOVENDO HAMBURGUER

Não esqueçam a aliança que fiz com vocês e não adorem a outros deuses.
2 Reis 17:38

RELEMBRE A HISTÓRIA

Flint Lockwood é um inventor super criativo que sempre sonhou em criar algo que realmente ajudasse as pessoas. Depois de muitas tentativas, ele inventa uma máquina que transforma água em comida! Por um tempo, Flint fica famoso e todos na sua cidade, Boca da Maré, adoram a máquina. Mas a invenção começa a causar uma chuvarada de comida! Com a ajuda dos seus amigos, Flint consegue desligar a máquina e salvar a cidade.

LIÇÃO DA BÍBLIA

A aventura do Flint nos ensina a ter cuidado ao escolhermos nossos heróis ou referência. Assim como Flint confiou demais em Chester V, que não era um amigo de verdade, às vezes podemos acreditar muito em pessoas que não são legais. A Bíblia nos ensina que só Deus merece nosso amor maior, e que devemos ter cuidado para não colocar outras pessoas ou coisas no lugar especial que só Ele deve ocupar.

VAMOS ORAR!

Querido Deus, ajuda-me a escolher bem meus heróis. Que eu nunca esqueça que Tu és o único digno de todo o meu amor e confiança. Ensina-me a ser um bom amigo, como Flint, e a usar meus talentos para ajudar os outros. Em nome de Jesus, amém!

37 FUGA DAS GALINHAS

Tenham cuidado com a maneira como vocês vivem; que não sejam como insensatos, mas como sábios, aproveitando ao máximo cada oportunidade, porque os dias são maus.
Efésios 5:15,16

RELEMBRE A HISTÓRIA

Ginger é uma galinha que vive na fazenda dos Tweedy. Ela e suas amigas galinhas estão sempre tentando fugir, porque o lugar é muito ruim e o casal Tweedy é malvado. Eles compram uma máquina para fazer tortas de frango, o que deixa as galinhas com ainda mais medo, então elas decidem construir avião para escapar!

LIÇÃO DA BÍBLIA

Na Bíblia, aprendemos sobre a procrastinação, que é adiar coisas que precisamos fazer. As galinhas não podiam esperar para fugir, tinham que agir logo. Assim como elas, não devemos deixar para depois nossas responsabilidades e nosso relacionamento com Deus.

VAMOS ORAR!

Querido Deus, ajuda-me a não adiar o que é importante. Quero seguir Teus planos para mim hoje e todos os dias. Obrigado por estar sempre comigo. Amém.

38 MEU MALVADO FAVORITO

Deus faz que o solitário viva em família; liberta aqueles que estão presos em grilhões; mas os rebeldes habitam em terra seca. **Salmos 68:6 (ACF)**

RELEMBRE A HISTÓRIA

Gru é um vilão malvado que quer ser o maior do mundo! Ele bolou um plano para roubar a Lua, mas precisa de um raio que faz as coisas ficarem pequenininhas, que foi roubado por outro malvado, o Vector. Gru adota três irmãs, Margo, Edith e Agnes, para ajudar em seu plano. Mas algo mágico acontece: as meninas, com seu carinho, transformam Gru de um homem malvado e cruel, em um papai amável. Gru descobre que ele gosta mais de cuidar das meninas do que de ser um vilão.

LIÇÃO DA BÍBLIA

Assim como Gru aprendeu com as meninas, nós também aprendemos uns com os outros. A Bíblia nos ensina que todos nós precisamos uns dos outros. Isso é chamado de Comunhão. Assim como Gru cuidava dos Minions e depois das meninas, nós também somos chamados a cuidar uns dos outros e aprender juntos na família de Deus.

VAMOS ORAR!

Querido Deus, obrigado pela minha família e pelos meus amigos. Ajuda-me a cuidar e aprender com eles. Que eu seja um bom amigo na tua grande família, e que todos nós possamos ajudar uns aos outros. Em nome de Jesus, amém!

39 O LORAX

Não se deixem enganar: "as más companhias corrompem os bons costumes".
1 Coríntios 15:33

RELEMBRE A HISTÓRIA

Ted é um menino de Thneedville, uma cidade sem árvores ou flores, onde até o ar é vendido. Para encantar Audrey, a menina de quem ele gosta, Ted procura o Senhor Umavez-ildo, que pode ter a semente da última árvore. Ele conta que tinha uma fábrica de cachecóis feitos de árvores especiais chamadas trúfulas. Mas, para ter mais dinheiro, ele acabou cortando todas as árvores, mesmo com o Lorax, o guardião da floresta, pedindo para não fazer isso. Quando passa a confiar nele, o Senhor Umavez-ildo dá a última semente de trúfula para Ted.

LIÇÃO DA BÍBLIA

A história do Senhor Umavez-ildo, nos ensina como é importante ouvir bons conselhos. Precisamos de pessoas que nos digam o que é certo, não apenas o que queremos ouvir. O amigo de Jesus, Paulo, nos alerta a escolhermos bem nossos amigos e a quem ouvimos com atenção.

VAMOS ORAR!

Querido Deus, obrigado pelas pessoas que me dão bons conselhos. Ajuda-me a ouvir a verdade, mesmo quando é difícil, e a fazer boas escolhas que cuidem da natureza e das pessoas ao meu redor. Em nome de Jesus, amém!

40 PRÍNCIPE DO EGITO

Moisés foi educado em toda a sabedoria dos egípcios e veio a ser poderoso em palavras e obras.
Atos 7:22

RELEMBRE A HISTÓRIA

Um bebê chamado Moisés, nasceu num tempo bem difícil para seu povo. O faraó do Egito não gostava das crianças que eram como Moisés e queria mandá-las embora. Mas os pais de Moisés tiveram uma ideia super legal e esconderam o pequeno Moisés num cestinho no rio. A filha faraó encontrou o Moisés e cuidou dele como se fosse seu próprio filho. Moisés cresceu e aprendeu muitas coisas legais com os egípcios e depois usou tudo que aprendeu para ajudar seu povo a ser livre novamente da escravidão.

LIÇÃO DA BÍBLIA

A história de Moisés nos mostra como é importante aprender e estudar. Mesmo coisas que não são diretamente sobre Deus podem nos ajudar a ser pessoas melhores. Quando estudamos e aprendemos, ficamos mais fortes e podemos explicar melhor porque acreditamos em Deus. É muito importante entender bem nossas crenças para que, quando ouvirmos outras ideias, possamos comparar com o que acreditamos e continuar firmes.

VAMOS ORAR!

Querido Deus, obrigado por me ajudar a aprender. Por favor, me ajude a entender o que eu acredito e me dê coragem para falar sobre minha fé. Assim como Moisés, ajuda-me a usar o que aprendo para fazer o bem. Amém.